Folleto del examen de preparación para los frenos de aire

MILE ONE PRESS

Acerca de Mile One Press

Ayudar a los estudiantes y conductores comerciales a estudiar para aprobar los exámenes CDL y recibir permisos y endosos de CDL.

Nuestra Misión

Proporcionar recursos por encima de los estándares de la industria para ayudar a los conductores comerciales aspirantes y profesionales a dar su primer o siguiente paso en el avance de sus carreras de conducción comercial.

Everything comienza contigo

Estamos obsesionados con ayudar a nuestros clientes a mejorar sus tasas de aprobación de CDL. Sabemos cómo una certificación o respaldo de CDL puede transformar su futuro. Hizo la nuestra. Por lo tanto, nunca dejamos de trabajar para mejorar nuestros recursos para garantizar que pueda dejarsu huella en esta carrera lucrativa y demandada.

Recursos de estudio de CDL diseñados para usted

La preparación de CDL comienza aquí. Al servicio de maestros, capacitadores y estudiantes, diseñamos materiales y recursos de estudio para impulsar los pases CDL mejorados. Si bien no podemos garantizar un pase, sabemos que nuestros recursos aumentan significativamente sus posibilidades cuando se usan de la manera correcta.

Obtenga más información en www.mileonepress.com

Avanzando en las carreras de conducción comercial

La industria de los conductores comerciales está creciendo rápidamente, pero se enfrenta continuamente a una escasez de controladores CDL certificados. La certificación comienza con aprobación de la CDL escrita exam y ahí es donde muchos se quedan cortos. Nuestro objetivo es cambiar esa tendencia. También pretendemos mejorar el Experiencia de aprendizaje de nuevos conductores comerciales y mejorar sus capacidades de conducción.

El comienzo de una nueva trayectoria profesionalen la industria del transporte comienza con la prueba CDL. Estamos aquí para ayudarlo a usted o a sus estudiantes a superar ese bache de velocidad y llegar a la siguiente milla.

Nuestra Filosofía

Educación	Integridad	Conducir	Innovación
Proporcionar recursos y enseñar a los estudiantes a mejorar los resultados	Operando con los más altos estándares y adhiriéndonos a nuestros principios	Ayudar a otros a moverse con éxito en la dirección de sus sueños	Mejora continua para la mejor plataforma de estudio CDL en línea

Tabla de Contenido

Respuestas y explicación de los frenos de aire

Examen práctico de frenos de aire 1

1. **El aceite y el agua generalmente se acumulan en tanques de aire comprimido. Si no tiene un drenaje automático del tanque, ¿cuándo debe drenar los tanques de aire?**

   A. Después de cada cuatro horas de servicio.

   B. Después de cada día de trabajo.

   C. Una vez a la semana.

2. **¿Para qué se utiliza la S-cam?**

   A. Para soltar los frenos.

   B. Para probar los ajustadores de holgura.

   C. Para aplicar los frenos.

3. **¿Cuál de las siguientes opciones hace que la distancia total de frenado para los frenos neumáticos sea más larga que para los frenos hidráulicos?**

   A. Distancia de percepción.

   B. Distancia de reacción.

   C. Distancia de retardo del freno.

4. **El sistema de frenos que aplica y libera los frenos cuando el conductor usa el pedal del freno es:**

   A. Sistema de frenos de emergencia.

   B. Sistema de frenos de servicio.

   C. Sistema de freno de estacionamiento.

5. **Para hacer una parada de emergencia con frenos de aire, utilizando el método de frenado de puñalada, debe:**

   A. Bombee el pedal del freno rápida y ligeramente.

   B. Frena tan fuerte como puedas, suelta los frenos cuando las ruedas se bloqueen, vuelve a pisar los frenos cuando las ruedas comiencen a rodar de nuevo.

   C. Frene con fuerza hasta que las ruedas se bloqueen, y luego retire los frenos durante el tiempo que las ruedas estén bloqueadas.

6. **¿La distancia de retraso del freno a 55 mph es _____ pies?**

   A. 50

   B. 23

   C. 32

7. **Si su vehículo tiene un evaporador de alcohol, está ahí para:**

   A. Elimine el alcohol del tanque húmedo que se condensa y se encuentra en el fondo.

   B. Elimine la necesidad de drenaje diario del tanque.

   C. Reduzca el riesgo de hielo en las válvulas de freno de aire en climas fríos.

8. **¿Qué puede mantener legalmente el estacionamiento o el freno de emergencia en posición para un camión, camión tractor o autobús?**

   A. Presión del fluido

   B. Presión del resorte

   C. Presión atmosférica

9. **La potencia de frenado de los frenos de resorte:**

A. Aumenta cuando los frenos de servicio están calientes.

B. Depende del ajuste de los frenos de servicio.

C. No se ve afectado por el estado de los frenos de servicio.

10. **¿Cuál de las siguientes acciones debe hacer antes de dejar su vehículo desatendido?**

A. Pon los frenos de estacionamiento.

B. Retire las llaves.

C. Aplasta las ruedas.

D. Haz todo lo anterior.

11. **¿En qué condiciones son buenos los frenos de las ruedas delanteras?**

A. Ninguno

B. Todas las condiciones climáticas

C. Solo condiciones húmedas o heladas

D. Solo buen tiempo

12. **Si los tanques de aire no están drenados,**

A. El líquido de transmisión puede drenarse.

B. Sus frenos pueden fallar debido a la congelación del agua.

C. Conducirás demasiado rápido.

D. El freno del lado izquierdo dejará de funcionar.

13. **Un sistema de frenos antibloqueo (ABS)**

A. Aumenta su capacidad de frenado normal.

B. Se activa cuando las ruedas están a punto de bloquearse.

C. Disminuye su capacidad de frenado normal.

D. Acorta la distancia de frenado.

14. **¿Cuál de los siguientes puede hacer que los frenos se desvanezcan o fallen?**

A. Uso excesivo de los frenos de servicio

B. No confiar lo suficiente en el freno motor

C. Los frenos están fuera de ajuste

D. Todo lo anterior

15. **¿Cuál es la mejor manera de probar si los frenos de resorte de su vehículo se activan automáticamente?**

A. Continúe pisando y bajando el pedal del freno hasta que se cumpla la especificación de psi baja del fabricante para que se desplieguen los frenos de resorte.

B. En vehículos individuales, continúe pisando y bajando el pedal del freno hasta que la válvula del freno de estacionamiento se salga.

C. En los vehículos con remolque, continúe pisando y bajando el pedal del freno hasta que la válvula del freno de estacionamiento se salga.

D. Todo lo anterior es correcto.

16. **Si su vehículo tiene un sistema de frenos de aire doble que funciona correctamente y tanques de aire de tamaño mínimo, la presión de aire debe aumentar de 85 a 100 psi en ____ segundos.**

A. 60

B. 20

C. 45

17. **El compresor de aire dejará de bombear aire a los tanques de aire a ____ psi.**

A. 125

B. B.150

C. 100

18. **El calor excesivo causado por el uso excesivo de los frenos de servicio puede causar**

    A. La válvula de control modulante se desgasta.

    B. Los frenos se desvanecen.

    C. Los forros de freno se dividen.

19. **El uso excesivo de los frenos de servicio puede provocar un sobrecalentamiento, lo que provocará**

    A. Expansión de los tambores de freno.

    B. Ajuste incorrecto de las S-cams.

    C. Mayor contacto entre los tambores de freno y los forros de freno.

20. **Un sistema de frenos de aire típico está completamente cargado a**

    A. 150 psi.

    B. 75 psi.

    C. 125 psi.

21. **Durante la conducción normal, los frenos de resorte generalmente se retrasan por**

    A. pernos y tirantes.

    B. Springs.

    C. Presión atmosférica.

22. **Durante la comprobación final de los frenos de aire, si la presión del aire no aumenta lo suficientemente rápido,**

    A. La presión del aire puede bajar demasiado durante la conducción.

    B. Haga que el problema se solucione después de que termine su viaje.

    C. El evaporador de alcohol puede estar bajo.

23. **Para probar la tasa de fuga de aire estático, debe**

    A. Apague el motor, suelte el freno de estacionamiento y deje que el sistema se asiente.

    B. Cargue el sistema de aire y deje el motor en marcha.

    C. Deje el motor en marcha y suelte el freno de estacionamiento.

24. **Los frenos de aire usan _____ para hacer que los frenos funcionen.**

    A. fluido hidráulico

    B. aire comprimido

    C. gas natural

25. **Al pisar el pedal del freno,**

    A. El aire comprimido entra en las cámaras de freno.

    B. El aire comprimido se libera de los tanques de aire.

    C. El aire comprimido se libera de las cámaras de freno.

Examen de práctica de frenos de aire 2

1. **El regulador del compresor de aire controla:**

   A. La velocidad del compresor de aire.

   B. Se aplicó presión de aire a los frenos.

   C. Cuando se bombea aire a los tanques de aire.

2. **De las opciones a continuación, lo primero que debe hacer cuando se enciende una advertencia de baja presión de aire es:**

   A. Deténgase y estacione de manera segura lo antes posible.

   B. Subir de marcha.

   C. Ajuste el pedal del freno para obtener más recorrido.

3. **Los vehículos equipados con frenos de aire deberán tener:**

   A. Un medidor de uso de aire.

   B. Un manómetro de suministro.

   C. Al menos dos calentadores de freno.

4. **Los sistemas modernos de frenos de aire combinan tres sistemas diferentes. Son los frenos de servicio, los frenos de estacionamiento y:**

   A. Frenos de emergencia.

   B. Frenos de pie.

   C. Frenos S-cam.

5. **Si debe hacer una parada de emergencia, debe frenar para que:**

   A. Puede conducir con fuerza mientras frena fuerte.

   B. Utilice toda la potencia de los frenos y bloquéelos.

   C. Manténgase en línea recta y pueda dirigir.

6. **El conductor deberá poder ver una advertencia antes de que la presión del aire en los depósitos de aire de servicio caiga por debajo:**

   A. 20 psi

   B. 40 psi

   C. 60 psi

7. **El tipo más común de frenos de cimentación que se encuentran en vehículos pesados es:**

   A. Frenos de disco

   B. Tambor de cuña

   C. Freno S-cam

8. **Al conducir por una colina larga y empinada, usted debe:**

   A. Suelte el freno cuando esté 5 mph por debajo de su velocidad "segura".

   B. Use el frenado de puñalada.

   C. Comience a frenar cuando esté 10 mph por encima de su velocidad segura.

9. **¿La válvula de control modulante es?**

   A. Una válvula accionada por resorte que le permitirá poner los frenos lentamente si los frenos de servicio fallan.

   B. No existe tal cosa.

   C. No debe usarse porque es muy inseguro.

10. **¿Cuál de las siguientes afirmaciones será cierta sobre su función de frenos si falla su sistema de frenos antibloqueo (ABS)?**

    A. Todavía tendrá una función de freno normal y solo necesitará reparar el ABS pronto.

    B. Puede causar problemas con otros sistemas mecánicos y posiblemente representar un gran riesgo de incendio.

    C. Reducirá la velocidad de su camión hasta detenerse y lo obligará a detenerse.

    D. No tendrá función de freno y su camión estará fuera de control.

11. **¿Cuál de las siguientes opciones no forma parte del proceso de frenado cuando conduce un vehículo combinado de tractor y remolque con un sistema de frenos antibloqueo (ABS)?**

    A. Frena de la misma manera sin importar lo que estés conduciendo: un vehículo con ABS, un vehículo con remolque u otra cosa.

    B. Debe controlar su tractor y remolque y soltar los frenos para mantener el control cuando disminuya la velocidad.

    C. Ayudaría si usara solo el frenado necesario para mantener el control de manera segura.

    D. Ayudaría si condujera más rápido para poder mantener el remolque y el tractor rectos.

12. **¿Cuáles de las siguientes afirmaciones son ciertas acerca de un sistema de frenos de aire dual?**

    A. Por lo general, un sistema opera el eje delantero y el otro opera el eje trasero.

    B. Utiliza un solo conjunto de controles de freno.

    C. Un sistema se llama sistema "primario" y el otro se llama sistema "secundario".

    D. Todo lo anterior es cierto.

13. **¿Cómo puede saber si su vehículo está equipado con un sistema de frenos antibloqueo (ABS)?**

    A. Compruebe si el vehículo fue fabricado después del año 2000.

    B. Verifique si el vehículo fue fabricado después de 2010.

    C. El ABS sigue siendo opcional.

    D. Compruebe si el vehículo fue fabricado después de 1998.

14. **Los frenos de resorte son**

    A. Frenos que se activan automáticamente en un camión o tractor cuando el PSI cae demasiado bajo.

    B. Compuesto por potentes resortes que son retenidos por la presión del aire mientras conduce.

    C. No va a tener un efecto completo hasta que su psi caiga a un cierto rango, típicamente de 20 a 30 psi.

    D. Todo lo anterior.

15. **En caso de fallo del sistema de frenos, el sistema de frenos de emergencia utiliza _____ para detener el vehículo.**

    A. solo los frenos de estacionamiento

    B. Partes de los frenos de servicio y de estacionamiento

    C. Sólo los frenos de servicio

16. **Presionar y soltar repetidamente (ventilador) el pedal del freno puede resultar en**

    A. una pérdida de presión de aire de frenado.

    B. Una acumulación de presión de aire de freno.

    C. No hay cambios en la presión del aire del freno.

17. **Si los frenos de resorte están encendidos, ¿cuándo debe presionar el pedal del freno?**

    A. Solo cuando se conduce cuesta abajo

    B. Nunca

    C. Solo en un camino resbaladizo

18. **Sabrás que tus frenos se están desvaneciendo si**

    A. El freno se siente esponjoso cuando aplicas presión.

    B. Suelte el pedal del freno y su velocidad aumenta.

    C. Tienes que pisar el pedal del freno más fuerte de lo habitual para controlar tu velocidad.

19. **Se requiere un dolly convertidor con frenos antibloqueo (ABS) para tener**

    A. una lámpara amarilla en el lado izquierdo.

    B. Una lámpara blanca en el lado izquierdo.

    C. Una lámpara blanca en el lado derecho.

20. **¿Cuál de las siguientes opciones es lo más importante sobre el frenado brusco?**

    A. Desconectar los frenos del eje de dirección ayudará a mantener su vehículo en línea recta durante el frenado de emergencia.

    B. No bloquee las ruedas por más de un instante.

    C. Nunca lo hagas sin bajar de marcha primero.

21. **En frenado controlado, usted**

    A. Bloquee las ruedas por períodos cortos.

    B. Puede girar bruscamente.

    C. Freno en línea recta.

22. **Si el aceite y el agua se acumulan en los tanques de aire, ¿qué podría pasar con los frenos?**

    A. Los frenos podrían calentarse.

    B. Los frenos podrían bloquearse.

    C. Los frenos podrían fallar.

23. **Los frenos de tambor S-cam tienen una S-cam en cada cámara de freno. ¿Por qué se llama "S-cam"?**

    A. Tiene la forma de la letra "S".

    B. Hace que las zapatas de freno se muevan en una trayectoria en forma de S.

    C. Está girando constantemente cada vez que la rueda está girando.

24. Para probar los frenos de servicio neumático,

A. Detenga el vehículo, póngalo en marcha baja, presione el pedal del freno y tire suavemente de los frenos.

B. Frene firmemente mientras avanza lentamente.

C. Frene firmemente mientras se mueve lentamente hacia atrás.

25. ¿Cuándo puede dejar su camión desatendido sin aplicar primero los frenos de estacionamiento o asfixiar las ruedas?

A. Nunca

B. Si solo va a estar lejos del camión por unos minutos

C. Si va a realizar su inspección previa al viaje

Examen de práctica de frenos de aire 3

1. **Si su camión o autobús tiene válvulas de control de estacionamiento dobles, significa que puede usar la presión de un tanque separado para:**

    A. Suelte los frenos de resorte para moverse una distancia corta.

    B. Aplique más presión de freno si el tanque principal está bajando.

    C. Manténgase estacionado sin usar la presión del aire de servicio.

2. **¿Las pastillas de freno deben estar _____ para que los frenos estén encendidos?**

    A. Desgastado 1/32 de pulgada.

    B. Contra el tambor.

    C. Desconectado de los ajustadores de holgura.

    D. Desgastado peligrosamente delgado.

3. **Debe saber que sus frenos se están desvaneciendo cuando:**

    A. Debe presionar más fuerte el pedal del freno para controlar su velocidad en una pendiente descendente.

    B. El freno se siente esponjoso cuando se aplica presión.

    C. Se libera presión sobre el pedal del freno y aumenta la velocidad.

4. **El manómetro de aplicación muestra al conductor cuánta presión:**

    A. Se ha utilizado en el viaje.

    B. Está en los tanques de aire.

    C. Se está aplicando a los frenos.

5. **Si el compresor de aire debe desarrollar una fuga, ¿qué mantiene el aire en los tanques?**

    A. La válvula de protección del tractor

    B. La válvula de relé de emergencia

    C. La válvula de retención unidireccional

6. **¿Por qué drenar el agua de los tanques de aire comprimido?**

    A. El bajo punto de ebullición del agua reduce la potencia de frenado.

    B. El agua puede congelarse en climas fríos y causar fallas en los frenos.

    C. El agua enfría demasiado el compresor.

7. **Durante la conducción normal, los frenos de resorte generalmente se retrasan por:**

    A. Presión atmosférica

    B. Presión del resorte

    C. Fuerza centrífuga

8. **¿Los tambores de freno no deben tener grietas de más de _____ del ancho del área de fricción?**

    A. 1/8

    B. 1/4

    C. ½

9. **Para probar la tasa de fuga de aire, las tasas de fuga aceptables por minuto deben ser**

   A. 5 psi por minuto para vehículos individuales y 6 psi por minuto para vehículos combinados.

   B. 5 psi por minuto para vehículos individuales y 10 psi por minuto para vehículos combinados.

   C. 2 psi por minuto para vehículos individuales y 3 psi por minuto para vehículos combinados.

   D. 1 psi por minuto para vehículos individuales y 3 psi por minuto para vehículos combinados.

10. **¿Cómo funcionan los frenos en una pendiente larga y pronunciada?**

    A. Funcionan como un complemento al efecto de frenado de su motor.

    B. No aplica; Ningún efecto de frenado está involucrado en una degradación.

    C. Funcionan como el principal mecanismo de frenado.

    D. Funcionan como el principal mecanismo de frenado con el efecto de frenado motor como respaldo de emergencia.

11. **¿Cómo comprobaría los ajustadores de holgura de su camión?**

    A. Acelere y luego frene con fuerza.

    B. Use guantes y tire con fuerza de cada ajustador de holgura que pueda alcanzar.

    C. Presione el pedal del freno mientras escucha cualquier ruido extraño.

    D. Todo lo anterior funcionará

12. **El control del freno de estacionamiento**

    A. Aplica los frenos durante la conducción normal.

    B. Deja salir el aire de las cámaras de freno.

    C. Aplica los frenos en caso de emergencia.

13. **Si la señal de advertencia de baja presión de aire no funciona,**

    A. Puede provocar un frenado de emergencia repentino en un sistema de aire de circuito único.

    B. Puede perder presión de aire, pero al menos lo sabrá de todos modos.

    C. Nada de lo anterior sucederá.

14. **Su vehículo tiene un sistema de frenos de aire dual. Uno de los sistemas pierde presión de aire. ¿Qué pasará?**

    A. Los ajustadores de holgura manuales no se ajustarán correctamente.

    B. Los frenos de emergencia se encenderán inmediatamente.

    C. Los frenos delanteros o traseros no estarán completamente operativos.

15. **En condiciones ideales, el conductor promedio de un camión o autobús equipado con frenos de aire y que viaja a 55 mph requeriría ¿qué distancia de frenado?**

    A. 300 a 350 pies

    B. Más de 400 pies

    C. 100 a 250 pies

16. **Los sistemas modernos de frenos de aire son tres sistemas diferentes combinados: los frenos de servicio, los frenos de estacionamiento y los frenos _____.**

    A. S-cam

    B. Emergencia

    C. pie

17. **Para comprobar el juego libre de los ajustadores de holgura manuales en los frenos S-cam, debe:**

    A. Deténgase en terreno llano y aplique los frenos de estacionamiento.

    B. Aparca en un terreno llano, choca las ruedas y suelta los frenos de estacionamiento.

    C. Estacione en un terreno nivelado y drene la presión del aire antes de ajustarse.

18. **Su camión o autobús tiene un sistema de frenos de aire dual. Si se enciende una advertencia de baja presión de aire para un solo sistema, ¿qué debe hacer?**

    A. Reduzca su velocidad y conduzca hasta el taller más cercano para reparaciones.

    B. Continúe a velocidad normal y busque un garaje antes de que los frenos se bloqueen.

    C. Parar. Estacione de manera segura y continúe solo después de que se haya arreglado el sistema.

19. **Si su vehículo tiene un evaporador de alcohol todos los días durante el clima frío, usted debe:**

    A. Verifique y complete el nivel de alcohol.

    B. Cambie el alcohol de una botella nueva.

    C. Limpie el filtro de aire con alcohol

20. **Con los frenos de tambor S-cam, cuando la cámara de freno se llena de aire, la presión del aire empuja la varilla de empuje hacia afuera, moviendo el _____ y girando así el ___.**

    A. ajustador de holgura; árbol de levas de freno

    B. ajustador de holgura; Tirante

    C. árbol de levas de freno; Tirante

21. **¿En cuál de las siguientes situaciones NO debe aplicar los frenos de estacionamiento?**

    A. Cuando esté probando si sostendrán el vehículo

    B. Si los frenos están muy calientes

    C. Si vas a estacionar por menos de una hora

22. **¿Cuál de los siguientes factores puede hacer que los frenos fallen o se desvanezcan?**

    A. Sobrecalentamiento, baja presión de aire y no depender del efecto de frenado del motor

    B. No quitar el pie del acelerador

    C. No pisar el pedal del freno lo suficientemente fuerte

23. **Si necesita detenerse rápidamente y su vehículo carece de frenos antibloqueo, puede usar**

    A. el método de "frenado controlado".

    B. El método del "frenado de puñalada".

    C. Cualquiera de las anteriores.

24. Los frenos de resorte del tractor y del camión recto se encenderán completamente cuando la presión del aire caiga a un rango de

A. 60 a 80 psi.

B. 20 a 45 psi.

C. 10 a 15 psi.

25. La válvula de control modulante le permite controlar el

A. Cantidad de presión en el sistema de frenos.

B. Frenos delanteros.

C. Frenos de resorte.

Examen de práctica de frenos de aire 4

1. **La pérdida de aire en un camión o autobús recto no debe ser más de _____ con el motor apagado y los frenos aplicados.**

    A. 1 psi en 30 segundos

    B. 1 psi en un minuto

    C. 3 psi en un minuto

2. **¿Qué activa el interruptor de parada?**

    A. Presión atmosférica.

    B. Eléctrico.

    C. Fuerza mecánica.

3. **Un sistema de frenos de aire rectos para camiones o autobuses no debe tener fugas a una velocidad de más de _____ psi por minuto con el motor apagado y los frenos sueltos.**

    A. 1

    B. 2

    C. 3

4. **Los vehículos con freno neumático deberán tener:**

    A. Al menos dos tanques de aire.

    B. Un manómetro de aire para mostrar la presión disponible para el frenado.

    C. Un manómetro de aire para mostrar el aire utilizado por las cámaras de freno para frenar.

5. **¿Los ajustadores de holgura no deben tener más de _____ de juego?**

    A. 1/2 pulgada

    B. 1 pulgada

    C. 1-1/2 pulgadas

6. **¿Cuál es la mejor manera de probar la señal de advertencia de baja presión de aire de su vehículo?**

    A. Con el motor apagado, encienda y baje el pedal del freno para bajar la presión de aire por debajo de 60 psi.

    B. Bombee los frenos mientras su vehículo está completamente encendido.

    C. Bombee los frenos hasta que la presión del aire caiga por debajo de 30 psi.

    D. Deje salir manualmente el aire de sus frenos y vea si la señal se enciende.

7. **¿Qué vehículos deben tener señales de advertencia de baja presión de aire?**

    A. Los vehículos fabricados después de 2005 deben tener señales de advertencia de baja presión de aire.

    B. Todos los vehículos con frenos de aire actualmente en funcionamiento deben tener señales de advertencia de baja presión de aire.

    C. Los vehículos fabricados después de 2010 deben tener señales de advertencia de baja presión de aire.

    D. Ninguno; Las señales de advertencia de baja presión de aire son opcionales.

8. **En una bajada larga o pronunciada, una vez que haya alcanzado su velocidad "segura", frene hasta que esté viajando**

    A. 5 mph más lento.

    B. 15 mph más lento.

    C. 10 mph más lento.

9. **Para verificar los ajustadores de holgura en los frenos de tambor S-cam, primero debe**

    A. Deténgase en un terreno llano y aplique los frenos de estacionamiento.

    B. Estacione en un terreno nivelado y drene la presión del aire.

    C. Aparca en un terreno llano, choca las ruedas y suelta los frenos de estacionamiento.

10. **Antes de comenzar a bajar una colina, debes estar en el equipo adecuado**

    A. para que puedas bajar cuesta abajo.

    B. Así que solo tienes que aplicar el freno lo suficientemente fuerte como para sentir una desaceleración definitiva.

    C. Así que puedes pasar por los engranajes en el camino hacia abajo.

11. **Aplicar los frenos de estacionamiento en condiciones normales,**

    A. Asegúrese de que el sistema de frenos de aire esté completamente presurizado.

    B. Deje salir el aire de las cámaras de freno.

    C. Apague el motor.

12. **Los ajustadores de holgura son**

    A. entre el tornillo de potencia y la varilla de empuje en los frenos de disco.

    B. Una parte del sistema de frenos de aire se utiliza para ajustar los frenos.

    C. Entre la varilla de empuje y la S-cam en los frenos de tambor.

    D. Todo lo anterior.

13. **¿Cuál de los siguientes NO forma parte del sistema de frenos de aire?**

    A. Sistema de frenos de servicio

    B. Sistema de freno de estacionamiento

    C. Sistema de frenos de emergencia

    D. Sistema de señal de radio

14. **El frenado neumático tarda más tiempo que el frenado hidráulico porque los frenos neumáticos:**

    A. Utilice diferentes tambores de freno.

    B. Necesidad de tener flujo de aire a través de las líneas para funcionar.

    C. Requieren resortes de retorno más pesados.

15. **En los vehículos con frenos de aire, los frenos de estacionamiento deberían utilizarse:**

    A. Siempre que el vehículo esté estacionado.

    B. Para mantener su velocidad al ir cuesta abajo.

    C. Solo durante las inspecciones previas y posteriores al viaje.

16. **El pedal del freno en un sistema de frenos neumáticos:**

    A. Controla la velocidad del compresor de aire.

    B. Debe utilizarse como reposapiés durante la conducción normal.

    C. Controla la presión de aire aplicada a los frenos.

17. **Su vehículo tiene un sistema de frenos de aire dual; Si se enciende una advertencia de baja presión de aire para el sistema secundario, ¿debería?**

    A. Deténgase, estacione de forma segura y continúe solo cuando el sistema esté reparado.

    B. Reduzca su velocidad y pruebe el sistema restante mientras está en marcha.

    C. Reduzca su velocidad y conduzca hasta el taller más cercano para reparaciones.

18. **La válvula de protección del tractor**

    A. se cerrará automáticamente si el suministro de aire cae a un cierto nivel.

    B. Se cerrará si aplica los frenos de estacionamiento.

    C. Proporciona el suministro de aire para el sistema de frenos.

    D. Hace todo lo anterior.

19. **¿Qué es lo primero que debe hacer si se enciende la advertencia de baja presión de aire?**

    A. Parar.

    B. Subir de marcha.

    C. Downshift.

20. **¿Cuándo se debe utilizar el freno de estacionamiento?**

    A. Solo si está lejos de su vehículo por un período prolongado de tiempo

    B. Cada vez que salga de su vehículo, con algunas excepciones

    C. Solo en zonas urbanas donde hay muchos otros vehículos

    D. Cada vez que deje su vehículo por cualquier período de tiempo

21. **El manómetro de suministro muestra al conductor cuánta presión:**

    A. Se ha utilizado en este viaje.

    B. Está en los tanques de aire.

    C. Se está enviando a las cámaras de freno.

22. **¿Cuál de las siguientes opciones NO forma parte del freno de tambor?**

    A. Ajustador de holgura

    B. Tambor de freno

    C. Primavera de regreso

    D. Válvula de seguridad

23. **¿La válvula de liberación de seguridad soplará a _____ psi?**

    A. 120

    B. 150

    C. 160

24. En una parada de emergencia, ¿deberías?

A. Utilice la válvula de mano y los frenos de servicio.

B. Usar el método de frenado de puñalada

C. Use los frenos con fuerza sin bloquear las ruedas.

25. ¿Qué son los frenos de resorte?

A. Si los frenos de aire tienen fugas, los resortes aplican los frenos para detener el vehículo.

B. Son los frenos maestros.

C. Son los resortes del pedal del freno.

Respuestas y explicación de los frenos de aire

Examen práctico de frenos de aire 1
Respuestas y explicación

1. El aceite y el agua generalmente se acumulan en tanques de aire comprimido. Si no tiene un drenaje automático del tanque, ¿cuándo debe drenar los tanques de aire?

RESPUESTA CORRECTA: Después de cada día laborable.

EXPLICACIÓN: Si su vehículo no tiene drenajes automáticos del tanque de aire, drene sus tanques de aire al final de cada día laboral para eliminar la humedad y el aceite. De lo contrario, los frenos podrían fallar.

2. ¿Para qué se utiliza la S-cam?

RESPUESTA CORRECTA: Para aplicar los frenos.

EXPLICACIÓN: Cuando presiona el pedal del freno, se deja entrar aire en cada cámara de freno. La presión del aire empuja la varilla hacia afuera, moviendo el ajustador de holgura, girando así el árbol de levas del freno. Esto hace girar la s-cam forzando las zapatas de freno a alejarse unas de otras y las presiona contra el interior del tambor de freno.

3. ¿Cuál de las siguientes opciones hace que la distancia total de frenado de los frenos neumáticos sea más larga que la de los frenos hidráulicos?

RESPUESTA CORRECTA: Distancia de retardo del freno.

EXPLICACIÓN: Con los frenos de aire hay un retraso adicional o retraso de freno. Este es el tiempo requerido para que los frenos funcionen después de presionar el pedal del freno. Con los frenos hidráulicos, los frenos funcionan al instante. Con los frenos de aire se necesita un poco de tiempo, medio segundo o más, para que el aire fluya a través de las líneas hacia los frenos.

4. **El sistema de frenos que aplica y libera los frenos cuando el conductor usa el pedal del freno es:**

RESPUESTA CORRECTA: Sistema de frenos de servicio.

EXPLICACIÓN: El sistema de frenos de servicio aplica y libera los frenos cuando se utiliza el pedal del freno durante la conducción normal.

5. **Para hacer una parada de emergencia con frenos de aire, utilizando el método de frenado de puñalada, debe:**

RESPUESTA CORRECTA: Frene tan fuerte como pueda, quite los frenos cuando las ruedas se bloqueen, vuelva a pisar los frenos cuando las ruedas comiencen a rodar nuevamente.

EXPLICACIÓN: El frenado de puñalada significa que usted: aplique los frenos por completo y suelte los frenos cuando las ruedas se bloqueen. Tan pronto como las ruedas comiencen a rodar, vuelva a aplicar los frenos por completo.

6. **¿La distancia de retraso del freno a 55 mph es _____ pies?**

RESPUESTA CORRECTA: 32

EXPLICACIÓN: La distancia de retraso del freno de aire a 55 mph en pavimento seco agrega aproximadamente 32 pies.

7. **Si su vehículo tiene un evaporador de alcohol, está ahí para:**

RESPUESTA CORRECTA: Reduzca el riesgo de hielo en las válvulas de freno de aire en climas fríos.

EXPLICACIÓN: Algunos sistemas de frenos de aire tienen un evaporador de alcohol para poner alcohol en el sistema de aire. Esto ayuda a reducir el riesgo de hielo en las válvulas de freno de aire y otras piezas durante el clima frío. Todavía se necesita el drenaje diario del tanque de aire para eliminar el agua y el aceite.

8. **¿Qué puede mantener legalmente un freno de estacionamiento o de emergencia en posición para un camión, camión tractor o autobús?**

RESPUESTA CORRECTA: Presión del resorte

EXPLICACIÓN: Todos los camiones, tractores de camiones y autobuses deben estar equipados con frenos de emergencia y frenos de estacionamiento. Deben ser sostenidos por fuerza mecánica porque la presión del aire puede eventualmente filtrarse. Los frenos de resorte se utilizan generalmente para satisfacer estas necesidades.

9. La potencia de frenado de los frenos de resorte:

RESPUESTA CORRECTA: Depende del ajuste de los frenos de servicio.

EXPLICACIÓN: La potencia de frenado de los frenos de resorte depende de que los frenos estén en ajuste. Si los frenos no se ajustan correctamente, ni los frenos normales ni los frenos de emergencia/estacionamiento funcionarán bien.

10. ¿Cuál de las siguientes acciones debe hacer antes de dejar su vehículo desatendido?

RESPUESTA CORRECTA: Haga todo lo anterior.

EXPLICACIÓN: Nunca deje su vehículo desatendido sin aplicar los frenos de estacionamiento o asfixiar las ruedas. Su vehículo podría volcarse y causar lesiones y daños.

11. ¿En qué condiciones son buenos los frenos de las ruedas delanteras?

RESPUESTA CORRECTA: Todas las condiciones climáticas

EXPLICACIÓN: Los frenos de las ruedas delanteras han demostrado ser ideales en todas las condiciones climáticas y de conducción. Es poco probable que el frenado de la rueda delantera cause un derrape incluso en carreteras heladas.

12. Si los tanques de aire no están drenados,

RESPUESTA CORRECTA: sus frenos pueden fallar debido a la congelación del agua.

EXPLICACIÓN: El aire comprimido generalmente tiene algo de agua y algo de aceite del compresor, lo cual es malo para el sistema de frenos de aire. Por ejemplo, el agua puede congelarse en climas fríos y causar fallas en los frenos.

13. Un sistema de frenos antibloqueo (ABS)

RESPUESTA CORRECTA: se activa cuando las ruedas están a punto de bloquearse.

EXPLICACIÓN: El ABS es un sistema computarizado que evita que las ruedas se bloqueen durante las aplicaciones de frenos fuertes.

14. ¿Cuál de los siguientes puede hacer que los frenos se desvanezcan o fallen?

RESPUESTA CORRECTA: Todo lo anterior

EXPLICACIÓN: Los frenos pueden desvanecerse o fallar por el calor excesivo causado por usarlos demasiado y no depender del efecto de freno motor.

15. **¿Cuál es la mejor manera de probar si los frenos de resorte de su vehículo se activan automáticamente?**

RESPUESTA CORRECTA: Todo lo anterior es correcto.

EXPLICACIÓN: Tanto en tractores-remolques como en vehículos individuales, para probar si los frenos de resorte se activarán automáticamente, use el mismo método que usa para probar la señal de advertencia de baja presión de aire: encienda y baje el pedal del freno, esta vez hasta que alcance una lectura de PSI aún más baja y la válvula del freno de estacionamiento se cierre o se salga.

16. Si su vehículo tiene un sistema de frenos de aire doble que funciona correctamente y tanques de aire de tamaño mínimo, la presión de aire debe aumentar de 85 a 100 psi en _____ segundos.

RESPUESTA CORRECTA: 45

EXPLICACIÓN: Cuando el motor está en funcionamiento RPM, la presión debe aumentar de 85 a 100 psi en 45 segundos en sistemas de aire dual. Si el vehículo tiene tanques de aire más grandes que el mínimo, el tiempo de acumulación puede ser más largo y aún así ser seguro.

17. El compresor de aire dejará de bombear aire a los tanques de aire a _____ psi.

RESPUESTA CORRECTA: 125

EXPLICACIÓN: El gobernador controla cuándo el compresor de aire bombeará aire a los tanques de almacenamiento de aire. Cuando la presión del tanque de aire se eleva al nivel de "corte" alrededor de 125 psi, el regulador impide que el compresor bombee aire. Cuando la presión del tanque cae a la presión de "corte" alrededor de 100 psi, el regulador permite que el compresor comience a bombear nuevamente.

18. **El calor excesivo causado por el uso excesivo de los frenos de servicio puede causar**

RESPUESTA CORRECTA: los frenos se desvanecen.

EXPLICACIÓN: Los frenos pueden desvanecerse o fallar por el calor excesivo causado por usarlos demasiado y no depender del efecto de freno motor.

19. El uso excesivo de los frenos de servicio puede provocar un sobrecalentamiento, lo que puede provocar

RESPUESTA CORRECTA: expansión de los tambores de freno.

EXPLICACIÓN: El desvanecimiento del freno resulta del calor excesivo que causa cambios químicos en el forro del freno, que reducen la fricción, y también causan la expansión de los tambores de freno.

20. Un sistema de frenos de aire típico está completamente cargado a

RESPUESTA CORRECTA: 125 psi.

EXPLICACIÓN: El bombeo por el compresor de aire debe comenzar a aproximadamente 100 psi y detenerse a aproximadamente 125 psi.

21. Durante la conducción normal, los frenos de resorte generalmente se retrasan por

RESPUESTA CORRECTA: presión de aire.

EXPLICACIÓN: Los frenos de estacionamiento o de emergencia deben mantenerse por fuerza mecánica porque la presión del aire puede eventualmente filtrarse. Los frenos de resorte se utilizan generalmente para satisfacer estas necesidades. Al conducir, los resortes potentes son retenidos por la presión del aire.

22. Durante la comprobación final de los frenos de aire, si la presión del aire no aumenta lo suficientemente rápido,

RESPUESTA CORRECTA: la presión del aire puede bajar demasiado durante la conducción.

EXPLICACIÓN: Si la presión del aire no se acumula lo suficientemente rápido, su presión puede bajar demasiado durante la conducción, lo que requiere una parada de emergencia. No conduzca hasta que solucione el problema.

23. Para probar la tasa de fuga de aire estático, debe

RESPUESTA CORRECTA: apague el motor, suelte el freno de estacionamiento y deje que el sistema se asiente.

EXPLICACIÓN: Con un sistema de aire completamente cargado (típicamente 125 psi), apague el motor, suelte el freno de estacionamiento (empuje hacia adentro); y medir la caída de presión del aire.

24. Los frenos de aire usan _____ para hacer que los frenos funcionen.

RESPUESTA CORRECTA: aire comprimido

EXPLICACIÓN: Los frenos de aire utilizan aire comprimido para hacer que los frenos funcionen. Los frenos de aire son una forma buena y segura de detener vehículos grandes y pesados, pero los frenos deben mantenerse bien y usarse correctamente.

25. Al pisar el pedal del freno,

RESPUESTA CORRECTA: el aire comprimido entra en las cámaras de freno.

EXPLICACIÓN: Cuando presiona el pedal del freno, se deja entrar aire en cada cámara de freno.

Examen de práctica de frenos de aire 2

Respuestas y explicación

1. El regulador del compresor de aire controla:

RESPUESTA CORRECTA: Cuando se bombea aire a los tanques de aire.

EXPLICACIÓN: El gobernador controla cuándo el compresor de aire bombeará aire a los tanques de almacenamiento de aire. Cuando la presión del tanque de aire se eleva al nivel de "corte" alrededor de 125 psi, el regulador impide que el compresor bombee aire. Cuando la presión del tanque cae a la presión de "corte" alrededor de 100 psi, el regulador permite que el compresor comience a bombear nuevamente.

2. De las opciones a continuación, lo primero que debe hacer cuando se enciende una advertencia de baja presión de aire es:

RESPUESTA CORRECTA: Deténgase y estacione de manera segura lo antes posible.

EXPLICACIÓN: Cuando la luz de advertencia de baja presión de aire y el timbre se enciendan por primera vez, detenga el vehículo de inmediato, mientras aún puede controlar los frenos.

3. Los vehículos equipados con frenos de aire deberán tener:

RESPUESTA CORRECTA: Un manómetro de suministro.

EXPLICACIÓN: Todos los vehículos con frenos de aire tienen un manómetro conectado al tanque de aire. Si el vehículo tiene un sistema de frenos de aire dual, habrá un indicador para cada mitad del sistema.

4. Los sistemas modernos de frenos de aire combinan tres sistemas diferentes. Son los frenos de servicio, los frenos de estacionamiento y:

RESPUESTA CORRECTA: Frenos de emergencia.

EXPLICACIÓN: Los frenos de aire son realmente tres sistemas de frenado diferentes: freno de servicio, freno de estacionamiento y freno de emergencia.

5. Si debe hacer una parada de emergencia, debe frenar para que:

RESPUESTA CORRECTA: Manténgase en línea recta y pueda dirigir.

EXPLICACIÓN: Debe frenar de una manera que mantenga su vehículo en línea recta y le permita girar si es necesario. Puede utilizar el método de "frenado controlado" o el método de "frenado de puñalada".

6. El conductor deberá poder ver una advertencia antes de que la presión del aire en los depósitos de aire de servicio caiga por debajo:

RESPUESTA CORRECTA: 60 psi

EXPLICACIÓN: Los dispositivos de advertencia de aire bajo (zumbador, luz, bandera) deben activarse antes de que la presión del aire caiga por debajo de 60 psi o el nivel especificado por el fabricante.

7. El tipo más común de frenos de cimentación que se encuentran en vehículos pesados es:

RESPUESTA CORRECTA: Freno S-cam

EXPLICACIÓN: Los frenos de cuña y los frenos de disco son menos comunes que los frenos de leva en S.

8. Al conducir por una colina larga y empinada, debe:

RESPUESTA CORRECTA: Suelte el freno cuando esté 5 mph por debajo de su velocidad "segura".

EXPLICACIÓN: El método de frenado snub se utiliza para pendientes pronunciadas cuesta abajo, en este método aplique los frenos lo suficientemente fuerte como para sentir una desaceleración definitiva. Cuando su velocidad se haya reducido a aproximadamente 5 mph por debajo de su velocidad "segura", suelte los frenos. Cuando su velocidad haya aumentado a su velocidad "segura", repita.

9. ¿La válvula de control modulante es?

RESPUESTA CORRECTA: Una válvula accionada por resorte que le permitirá poner los frenos lentamente si los frenos de servicio fallan.

EXPLICACIÓN: En algunos vehículos, se puede usar una manija de control en el tablero de instrumentos para aplicar los frenos de resorte gradualmente. Esto se llama válvula modulante. Está cargado por resorte, por lo que tiene una idea de la acción de frenado. Cuanto más mueva la palanca de control, más fuerte se activarán los frenos de resorte. Funcionan de esta manera, por lo que puede controlar los frenos de resorte si los frenos de servicio fallan.

10. ¿Cuál de las siguientes afirmaciones será cierta sobre su función de frenos si falla su sistema de frenos antibloqueo (ABS)?

RESPUESTA CORRECTA: Todavía tendrá la función de freno normal y solo necesitará reparar el ABS pronto.

EXPLICACIÓN: Sin ABS todavía tienes funciones normales de freno. Conduzca y frene como siempre lo ha hecho.

11. ¿Cuál de las siguientes opciones no forma parte del proceso de frenado cuando conduce un vehículo combinado de tractor y remolque con un sistema de frenos antibloqueo (ABS)?

RESPUESTA CORRECTA: Debe conducir más rápido para poder mantener el remolque y el tractor rectos.

EXPLICACIÓN: Cuando conduce un vehículo con ABS, debe frenar como siempre lo ha hecho. En otras palabras: use solo la fuerza de frenado necesaria para detenerse con seguridad y mantener el control; frene de la misma manera, independientemente de si tiene ABS en el autobús, el tractor, el remolque o ambos; A medida que disminuya la velocidad, controle su tractor y remolque y retire los frenos si es seguro hacerlo para mantener el control.

12. ¿Cuáles de las siguientes afirmaciones son ciertas acerca de un sistema de frenos de aire dual?

RESPUESTA CORRECTA: Todo lo anterior es cierto.

EXPLICACIÓN: La mayoría de los vehículos pesados utilizan sistemas de frenos de aire dobles por seguridad. Un sistema de frenos de aire dual tiene dos sistemas de frenos de aire separados, que utilizan un solo conjunto de controles de freno. Un sistema o sistema primario típicamente opera los frenos regulares en el eje o ejes traseros. El otro sistema o secundario opera los frenos regulares en el eje delantero y posiblemente un eje trasero.

13. ¿Cómo puede saber si su vehículo está equipado con un sistema de frenos antibloqueo (ABS)?

RESPUESTA CORRECTA: Compruebe si el vehículo fue fabricado después de 1998.

EXPLICACIÓN: El Departamento de Transporte requiere que el ABS esté en los vehículos con frenos de aire construidos a partir del 1 de marzo de 1998.

14. Los frenos de resorte son

RESPUESTA CORRECTA: todo lo anterior.

EXPLICACIÓN: Los frenos de resorte son un importante sistema de respaldo. Potentes muelles que aplican automáticamente los frenos si detectan que se ha perdido presión de aire por algún motivo, como una fuga. También aplicarán los frenos si el psi baja demasiado, aunque idealmente, debe tomar el control de sus frenos antes de que eso suceda.

15. En caso de fallo del sistema de frenos, el sistema de frenos de emergencia utiliza _____ para detener el vehículo.

RESPUESTA CORRECTA: partes de los frenos de servicio y frenos de estacionamiento

EXPLICACIÓN: El sistema de frenos de emergencia utiliza partes de los sistemas de frenos de servicio y de estacionamiento para detener el vehículo en una falla del sistema de frenos.

16. Presionar y soltar repetidamente (ventilador) el pedal del freno puede resultar en

RESPUESTA CORRECTA: una pérdida de presión de aire de freno.

EXPLICACIÓN: Cada vez que suelta los frenos, algo de aire comprimido sale del sistema y debe ser repuesto por el compresor de aire. Si sigue presionando y soltando el pedal del freno, el aire puede salir del sistema más rápido de lo que el compresor de aire puede reponerlo, y la presión del aire puede caer hasta el punto de que los frenos no funcionen.

17. Si los frenos de resorte están encendidos, ¿cuándo debe presionar el pedal del freno?

RESPUESTA CORRECTA: Nunca

EXPLICACIÓN: Nunca presione el pedal del freno hacia abajo cuando los frenos de resorte estén encendidos. Si lo hace, los frenos podrían dañarse por las fuerzas combinadas de los resortes y la presión del aire.

18. Sabrás que tus frenos se están desvaneciendo si

RESPUESTA CORRECTA: tienes que pisar el pedal del freno más fuerte de lo habitual para controlar tu velocidad.

EXPLICACIÓN: A medida que los tambores sobrecalentados se expanden, las zapatas de freno y los forros tienen que moverse más lejos para entrar en contacto con los tambores, y la fuerza de este contacto se reduce. Por lo tanto, presionarás más fuerte el pedal.

19. Se requiere un dolly convertidor con frenos antibloqueo (ABS) para tener

RESPUESTA CORRECTA: una lámpara amarilla en el lado izquierdo.

EXPLICACIÓN: Se requiere que las plataformas rodantes convertidoras construidas a partir del 1 de marzo de 1998 tengan frenos antibloqueo. Estas plataformas tendrán una lámpara amarilla en el lado izquierdo de la plataforma.

20. ¿Cuál de las siguientes opciones es lo más importante sobre el frenado brusco?

RESPUESTA CORRECTA: No bloquee las ruedas por más de un instante.

EXPLICACIÓN: El frenado de emergencia no significa presionar el pedal del freno tan fuerte como puedas. Eso solo mantendrá las ruedas bloqueadas y causará un derrape. Si las ruedas están derrapando, no puede controlar el vehículo.

21. En frenado controlado, usted

RESPUESTA CORRECTA: freno en línea recta.

EXPLICACIÓN: Aplica los frenos tan fuerte como puede sin bloquear las ruedas. Mantenga los movimientos del volante muy pequeños mientras hace esto. Si necesita hacer un ajuste de dirección más grande o si las ruedas se bloquean, suelte los frenos. Vuelva a aplicar los frenos tan pronto como pueda.

22. Si el aceite y el agua se acumulan en los tanques de aire, ¿qué podría pasar con los frenos?

RESPUESTA CORRECTA: Los frenos podrían fallar.

EXPLICACIÓN: El aire comprimido generalmente tiene algo de agua y algo de aceite del compresor, lo cual es malo para el sistema de frenos de aire. Por ejemplo, el agua puede congelarse en climas fríos y causar fallas en los frenos.

23. Los frenos de tambor S-cam tienen una S-cam en cada cámara de freno. ¿Por qué se llama "S-cam"?

RESPUESTA CORRECTA: Tiene la forma de la letra "S".

EXPLICACIÓN: La S-cam tiene forma de S. La s-cam fuerza las zapatas de freno a distanciarse unas de otras y las presiona contra el interior del tambor de freno.

24. Para probar los frenos de servicio neumático,

RESPUESTA CORRECTA: frene firmemente mientras avanza lentamente.

EXPLICACIÓN: Tire hacia adelante a 5 mph, aplique el freno de servicio y deténgase. Verifique que el vehículo no tire hacia ningún lado y que se detenga cuando se aplique el freno.

25. ¿Cuándo puede dejar su camión desatendido sin aplicar primero los frenos de estacionamiento o asfixiar las ruedas?

RESPUESTA CORRECTA: Nunca

EXPLICACIÓN: Nunca deje su vehículo desatendido sin aplicar los frenos de estacionamiento o asfixiar las ruedas. Su vehículo podría volcarse y causar lesiones y daños.

Examen de práctica de frenos de aire 3

Respuestas y explicación

1. Si su camión o autobús tiene válvulas de control de estacionamiento dobles, significa que puede usar la presión de un tanque separado para:

RESPUESTA CORRECTA: Suelte los frenos de resorte para moverse una distancia corta.

EXPLICACIÓN: Cuando se pierde la presión del aire principal, se encienden los frenos de resorte. Algunos vehículos tienen un tanque de aire separado que se puede usar para liberar los frenos de resorte. Esto es para que pueda mover el vehículo en caso de emergencia.

2. ¿Las pastillas de freno deben estar _____ para que los frenos estén encendidos?

RESPUESTA CORRECTA: Contra el tambor.

EXPLICACIÓN: Para detenerse, las zapatas de freno y los forros se empujan contra el interior del tambor. Esto causa fricción, lo que ralentiza el vehículo.

3. Debe saber que sus frenos se están desvaneciendo cuando:

RESPUESTA CORRECTA: Debe presionar más fuerte el pedal del freno para controlar su velocidad en una bajada.

EXPLICACIÓN: El aumento de la presión de aplicación para mantener la misma velocidad significa que los frenos se están desvaneciendo.

4. El manómetro de aplicación muestra al conductor cuánta presión:

RESPUESTA CORRECTA: Se está aplicando a los frenos.

EXPLICACIÓN: El manómetro de aplicación muestra cuánta presión de aire está aplicando a los frenos.

5. Si el compresor de aire debe desarrollar una fuga, ¿qué mantiene el aire en los tanques?

RESPUESTA CORRECTA: La válvula de retención unidireccional

EXPLICACIÓN: Instalada en el lado del compresor del tanque de aire hay una válvula de retención unidireccional; Permite que el aire entre en los tanques, pero no permite que fluya de regreso al compresor.

6. **¿Por qué drenar el agua de los tanques de aire comprimido?**

RESPUESTA CORRECTA: El agua puede congelarse en climas fríos y causar fallas en los frenos.

EXPLICACIÓN: El aire comprimido generalmente tiene algo de agua y algo de aceite del compresor, lo cual es malo para el sistema de frenos de aire, el agua puede congelarse en climas fríos y causar fallas en los frenos. El agua y el aceite tienden a acumularse en el fondo del tanque de aire. Asegúrese de drenar los tanques de aire por completo.

7. **Durante la conducción normal, los frenos de resorte generalmente se retrasan por:**

RESPUESTA CORRECTA: Presión de aire

EXPLICACIÓN: Al conducir, los resortes potentes son retenidos por la presión del aire. Si se elimina la presión del aire, los resortes ponen los frenos.

8. **¿Los tambores de freno no deben tener grietas de más de _____ del ancho del área de fricción?**

RESPUESTA CORRECTA: 1/2

EXPLICACIÓN: Los tambores o discos de freno no deben tener grietas de más de 1/2 del ancho del área de fricción.

9. **Para probar la tasa de fuga de aire, las tasas de fuga aceptables por minuto deben ser**

RESPUESTA CORRECTA: 2 psi por minuto para vehículos individuales y 3 psi por minuto para vehículos combinados.

EXPLICACIÓN: La tasa de pérdida debe ser inferior a dos psi en un minuto para vehículos individuales y menos de tres psi en un minuto para vehículos combinados.

10. **¿Cómo funcionan los frenos en una pendiente larga y pronunciada?**

RESPUESTA CORRECTA: Funcionan como un complemento al efecto de frenado de su motor.

EXPLICACIÓN: El uso de frenos en una pendiente larga y/o pronunciada es solo un complemento del efecto de frenado del motor.

11. **¿Cómo comprobaría los ajustadores de holgura de su camión?**

RESPUESTA CORRECTA: Use guantes y tire con fuerza de cada ajustador de holgura que pueda alcanzar.

EXPLICACIÓN: Use guantes y tire con fuerza de cada ajustador de holgura que pueda alcanzar. Si un ajustador de holgura se mueve más de aproximadamente una pulgada donde la varilla de empuje se adhiere a él, probablemente necesite ajuste.

12. El control del freno de estacionamiento

RESPUESTA CORRECTA: deja salir el aire de las cámaras de freno.

EXPLICACIÓN: Un control del freno de estacionamiento en la cabina permite al conductor dejar salir el aire de los frenos de resorte. Esto permite que los resortes pongan los frenos.

13. Si la señal de advertencia de baja presión de aire no funciona,

RESPUESTA CORRECTA: puede provocar un frenado repentino de emergencia en un sistema de aire de circuito único.

EXPLICACIÓN: Si la señal de advertencia no funciona, podría perder presión de aire y no lo sabría. Esto podría causar un frenado de emergencia repentino en un sistema de aire de un solo circuito. En sistemas duales se incrementará la distancia de frenado. Solo se puede hacer un frenado limitado antes de que se enciendan los frenos de resorte.

14. Su vehículo tiene un sistema de frenos de aire dual. Uno de los sistemas pierde presión de aire. ¿Qué pasará?

RESPUESTA CORRECTA: Los frenos delanteros o traseros no estarán completamente operativos.

EXPLICACIÓN: Un sistema de frenos de aire dual tiene dos sistemas de frenos de aire separados, que utilizan un solo conjunto de controles de freno. Cada sistema tiene sus propios tanques de aire, mangueras, líneas, etc. Un sistema normalmente opera los frenos regulares en el eje trasero o ejes. El otro sistema opera los frenos regulares en el eje delantero y posiblemente un eje trasero.

15. En condiciones ideales, el conductor promedio de un camión o autobús equipado con frenos de aire y que viaja a 55 mph requeriría ¿qué distancia de frenado?

RESPUESTA CORRECTA: Más de 400 pies

EXPLICACIÓN: La distancia mínima total que su vehículo ha recorrido, en condiciones ideales; con todo considerado, incluida la distancia de percepción, la distancia de reacción y la distancia de frenado, hasta que pueda detener su vehículo por completo. A 55 mph, su vehículo viajará unos 450 pies.

16. Los sistemas modernos de frenos de aire son tres sistemas diferentes combinados: los frenos de servicio, los frenos de estacionamiento y los frenos _____.

RESPUESTA CORRECTA: emergencia

EXPLICACIÓN: Los frenos de aire son realmente tres sistemas de frenado diferentes: freno de servicio, freno de estacionamiento y freno de emergencia.

17. Para comprobar el juego libre de los ajustadores de holgura manuales en los frenos S-cam, debe:

RESPUESTA CORRECTA: Estacione en un terreno nivelado, apriete las ruedas y suelte los frenos de estacionamiento.

EXPLICACIÓN: Si un ajustador de holgura se mueve más de una pulgada donde la varilla de empuje se conecta a él, probablemente necesite ajuste.

18. Su camión o autobús tiene un sistema de frenos de aire dual. Si se enciende una advertencia de baja presión de aire para un solo sistema, ¿qué debe hacer?

RESPUESTA CORRECTA: Detente. Estacione de manera segura y continúe solo después de que se haya arreglado el sistema.

EXPLICACIÓN: La luz de advertencia y el zumbador deben encenderse antes de que la presión del aire caiga por debajo de 60 psi en cualquiera de los sistemas. Si esto sucede mientras conduce, debe detenerse de inmediato y estacionar el vehículo de manera segura. Si un sistema de aire tiene una presión muy baja, los frenos delanteros o traseros no funcionarán completamente. Esto significa que le llevará más tiempo detenerse. Detenga el vehículo de forma segura y arregle el sistema de frenos neumáticos.

19. Si su vehículo tiene un evaporador de alcohol, todos los días durante el clima frío debe:

RESPUESTA CORRECTA: Verifique y llene el nivel de alcohol.

EXPLICACIÓN: Revise el recipiente de alcohol y llénelo según sea necesario, todos los días durante el clima frío.

20. Con los frenos de tambor S-cam, cuando la cámara de freno se llena de aire, la presión del aire empuja la varilla de empuje hacia afuera, moviendo el _____ y girando así el ___.

RESPUESTA CORRECTA: ajustador de holgura; árbol de levas de freno

EXPLICACIÓN: En los frenos S-cam, cuando presiona el pedal del freno, se deja entrar aire en cada cámara de freno. La presión del aire empuja la varilla hacia afuera, moviendo el ajustador de holgura, girando así el árbol de levas del freno. Esto hace girar la s-cam. La s-cam fuerza las zapatas de freno a distanciarse unas de otras y las presiona contra el interior del tambor de freno.

21. ¿En cuál de las siguientes situaciones NO debe aplicar los frenos de estacionamiento?

RESPUESTA CORRECTA: Si los frenos están muy calientes

EXPLICACIÓN: No use los frenos de estacionamiento si los frenos están muy calientes (por haber bajado una pendiente pronunciada), o si los frenos están muy húmedos en temperaturas bajo cero. Si se usan mientras están muy calientes, pueden dañarse por el calor. Si se utilizan en temperaturas de congelación cuando los frenos están muy mojados, pueden congelarse para que el vehículo no pueda moverse. Use calzos de rueda en su lugar.

22. ¿Cuál de los siguientes factores puede hacer que los frenos fallen o se desvanezcan?

RESPUESTA CORRECTA: sobrecalentamiento, baja presión de aire y no depender del efecto de frenado del motor

EXPLICACIÓN: Los frenos pueden desvanecerse o fallar por el calor excesivo causado por usarlos demasiado y no depender del efecto de freno motor, también se ven afectados por el ajuste y la baja presión del aire.

23. Si necesita detenerse rápidamente y su vehículo carece de frenos antibloqueo, puede usar

RESPUESTA CORRECTA: cualquiera de las anteriores.

EXPLICACIÓN: Debe frenar de una manera que mantenga su vehículo en línea recta y le permita girar si es necesario. Puede utilizar el método de "frenado controlado" o el método de "frenado de puñalada".

24. Los frenos de resorte del tractor y del camión recto se encenderán completamente cuando la presión del aire caiga a un rango de

RESPUESTA CORRECTA: 20 a 45 psi.

EXPLICACIÓN: Los frenos de resorte de tractor y camión recto se encenderán completamente cuando la presión del aire caiga a un rango de 20 a 45 psi (típicamente 20 a 30 psi).

25. La válvula de control modulante le permite controlar el

RESPUESTA CORRECTA: frenos de resorte.

EXPLICACIÓN: En algunos vehículos se puede usar una manija de control en el tablero de instrumentos para aplicar los frenos de resorte gradualmente. Esto se llama válvula modulante. Está accionado por resorte, por lo que tiene una idea de la acción de frenado. Cuanto más mueva la palanca de control, más fuerte se activarán los frenos de resorte.

Examen de práctica de frenos de aire 4

Respuestas y explicación

1. **La pérdida de aire en un camión o autobús recto no debe ser más de _____ con el motor apagado y los frenos aplicados.**

RESPUESTA CORRECTA: 3 psi en un minuto

EXPLICACIÓN: Con un sistema de aire completamente cargado, apague el motor, suelte el freno de estacionamiento y programe la caída de presión del aire. La tasa de pérdida debe ser inferior a dos psi en un minuto para un solo vehículo, frenos liberados, y tres psi en un minuto con los frenos aplicados.

2. **¿Qué activa el interruptor de parada?**

RESPUESTA CORRECTA: Presión de aire.

EXPLICACIÓN: Los conductores detrás de usted deben ser advertidos cuando frene. El sistema de frenos de aire hace esto con un interruptor eléctrico que funciona por presión de aire. El interruptor enciende las luces de freno cuando pones los frenos de aire.

3. **Un sistema de frenos de aire rectos para camiones o autobuses no debe tener fugas a una velocidad de más de ____ psi por minuto con el motor apagado y los frenos sueltos.**

RESPUESTA.CORRECTA: 2

EXPLICACIÓN: Con un sistema de aire completamente cargado, apague el motor, suelte el freno de estacionamiento y programe la caída de presión del aire. La tasa de pérdida debe ser inferior a dos psi en un minuto para un solo vehículo, frenos liberados, y tres psi en un minuto con los frenos aplicados.

4. **Los vehículos con freno neumático deberán tener:**

RESPUESTA CORRECTA: Un manómetro de aire para mostrar la presión disponible para frenar.

EXPLICACIÓN: Todos los vehículos con frenos de aire tienen un manómetro conectado al tanque de aire. Si el vehículo tiene un sistema de frenos de aire dual, habrá un indicador para cada mitad del sistema.

5. Los ajustadores de holgura no deben tener más de _____ de juego.

RESPUESTA CORRECTA: 1 pulgada

EXPLICACIÓN: Estacione en un terreno nivelado y apriete las ruedas para evitar que el vehículo se mueva, suelte los frenos de estacionamiento para que pueda mover los ajustadores de holgura, usando guantes y tire con fuerza de cada ajustador de holgura que pueda alcanzar, y si un ajustador de holgura se mueve más de aproximadamente una pulgada donde la varilla de empuje se conecta a él, entonces se necesitan ajustes.

6. ¿Cuál es la mejor manera de probar la señal de advertencia de baja presión de aire de su vehículo?

RESPUESTA CORRECTA: Con el motor apagado, encienda y baje el pedal del freno para bajar la presión de aire por debajo de 60 psi.

EXPLICACIÓN: Apague el motor cuando tenga suficiente presión de aire para que la señal de advertencia de baja presión no esté encendida. Encienda la alimentación eléctrica y encienda y apague el pedal del freno para reducir la presión del tanque de aire. La señal de advertencia de baja presión de aire debe encenderse antes de que la presión caiga a menos de 60 psi en el tanque de aire.

7. ¿Qué vehículos deben tener señales de advertencia de baja presión de aire?

RESPUESTA CORRECTA: Todos los vehículos con frenos de aire actualmente en funcionamiento deben tener señales de advertencia de baja presión de aire.

EXPLICACIÓN: Se requiere una señal de advertencia de baja presión de aire en vehículos con frenos de aire.

8. En una bajada larga o pronunciada, una vez que haya alcanzado su velocidad "segura", frene hasta que esté viajando

RESPUESTA CORRECTA: 5 mph más lento.

EXPLICACIÓN: El método de frenado snub se utiliza para pendientes pronunciadas cuesta abajo, en este método aplique los frenos lo suficientemente fuerte como para sentir una desaceleración definitiva. Cuando su velocidad se haya reducido a aproximadamente cinco mph por debajo de su velocidad "segura", suelte los frenos. Cuando su velocidad haya aumentado a su velocidad "segura", repita.

9. Para verificar los ajustadores de holgura en los frenos de tambor S-cam, primero debe

RESPUESTA CORRECTA: estacione en un terreno nivelado, apriete las ruedas y suelte los frenos de estacionamiento.

EXPLICACIÓN: Para verificar los ajustadores de holgura en los frenos S-cam, estacione en un terreno nivelado y apriete las ruedas para evitar que el vehículo se mueva y aplique el freno de estacionamiento.

10. Antes de comenzar a bajar una colina, debes estar en el equipo adecuado

RESPUESTA CORRECTA: así que solo tienes que aplicar el freno lo suficientemente fuerte como para sentir una desaceleración definitiva.

EXPLICACIÓN: El uso de frenos en una pendiente larga y/o pronunciada es solo un complemento del efecto de frenado del motor. Una vez que el vehículo está en la marcha baja adecuada, solo debería tener que aplicar los frenos lo suficientemente fuerte como para sentir una desaceleración definitiva.

11. Aplicar los frenos de estacionamiento en condiciones normales,

RESPUESTA CORRECTA: deje salir el aire de las cámaras de freno.

EXPLICACIÓN: Un control del freno de estacionamiento en la cabina permite al conductor dejar salir el aire de los frenos de resorte. Esto permite que los resortes pongan los frenos.

12. Los ajustadores de holgura son

RESPUESTA CORRECTA: todo lo anterior.

EXPLICACIÓN: Los ajustadores de holgura son una parte importante de su sistema de frenos de aire que le permite ajustar los frenos para garantizar que sean seguros. Están ubicados en diferentes lugares, dependiendo del tipo de frenos que tengas.

13. ¿Cuál de los siguientes NO forma parte del sistema de frenos de aire?

RESPUESTA CORRECTA: Sistema de señal de radio

EXPLICACIÓN: Los frenos de aire son realmente tres sistemas de frenado diferentes: freno de servicio, freno de estacionamiento y freno de emergencia.

14. El frenado neumático tarda más tiempo que el frenado hidráulico porque los frenos neumáticos:

RESPUESTA CORRECTA: Necesidad de tener flujo de aire a través de las líneas para funcionar.

EXPLICACIÓN: Con los frenos de aire hay un retraso adicional llamado retraso de freno. Este es el tiempo requerido para que los frenos funcionen después de presionar el pedal del freno.

15. En los vehículos con frenos de aire, los frenos de estacionamiento deberían utilizarse:

RESPUESTA CORRECTA: Siempre que el vehículo esté estacionado.

EXPLICACIÓN: Cada vez que estacione use los frenos de estacionamiento. Tire de la perilla de control del freno de estacionamiento para aplicar los frenos de estacionamiento, empújela para liberarla.

16. El pedal del freno en un sistema de frenos neumáticos:

RESPUESTA CORRECTA: Controla la presión de aire aplicada a los frenos.

EXPLICACIÓN: Usted pone los frenos presionando el pedal del freno. Empujar el pedal hacia abajo con más fuerza aplica más presión de aire. Dejar caer el pedal del freno reduce la presión del aire y libera los frenos.

17. Su vehículo tiene un sistema de frenos de aire dual; Si se enciende una advertencia de baja presión de aire para el sistema secundario, ¿debería?

RESPUESTA CORRECTA: Deténgase, estacione de forma segura y continúe solo cuando el sistema esté reparado.

EXPLICACIÓN: Incluso si la alarma de baja presión es para el sistema secundario, debe detenerse en un lugar seguro, estacionar y solucionar el problema. No es seguro que el vehículo permanezca en movimiento con una alarma de aire bajo.

18. La válvula de protección del tractor

RESPUESTA CORRECTA: hace todo lo anterior.

EXPLICACIÓN: La válvula de protección del tractor mantiene el aire en el sistema de frenos del tractor o camión en caso de que el remolque se rompa o desarrolle una fuga grave, y se cerrará automáticamente si la presión del aire es baja (generalmente 20-45 psi).

19. ¿Qué es lo primero que debe hacer si se enciende la advertencia de baja presión de aire?

RESPUESTA CORRECTA: Detente.

EXPLICACIÓN: Si se enciende la advertencia de baja presión de aire, deténgase y estacione su vehículo de manera segura lo antes posible.

20. ¿Cuándo se debe utilizar el freno de estacionamiento?

RESPUESTA CORRECTA: Cada vez que salga de su vehículo, con algunas excepciones

EXPLICACIÓN: Nunca deje su vehículo desatendido sin aplicar los frenos de estacionamiento o asfixiar las ruedas. Su vehículo podría volcarse y causar lesiones y daños. Las excepciones son cuando los frenos están muy calientes o mojados y hace mucho frío afuera. En este caso, use calzos de rueda.

21. El manómetro de suministro muestra al conductor cuánta presión:

RESPUESTA CORRECTA: Está en los tanques de aire.

EXPLICACIÓN: Todos los vehículos con frenos de aire tienen un manómetro conectado al tanque de aire, y le dice cuánta presión hay en los tanques de aire.

22. ¿Cuál de las siguientes opciones NO forma parte del freno de tambor?

RESPUESTA CORRECTA: Válvula de seguridad

EXPLICACIÓN: Los frenos de tambor están en cada uno de los ejes de su vehículo y contienen aproximadamente 10 partes diferentes, incluido el eje, el ajustador de holgura y el tambor de freno en sí. Si bien una válvula de seguridad es parte del sistema de frenos de aire, no es parte del freno de tambor.

23. ¿La válvula de liberación de seguridad soplará a _____ psi?

RESPUESTA CORRECTA: 150

EXPLICACIÓN: Se instala una válvula de alivio de seguridad en el primer tanque al que el compresor de aire bombea aire. La válvula de seguridad protege el tanque y el resto del sistema de demasiada presión. La válvula generalmente se ajusta para abrirse a 150 psi. Si la válvula de seguridad libera aire, algo anda mal. Haga que la falla sea reparada por un mecánico.

24. En una parada de emergencia, ¿deberías?

RESPUESTA CORRECTA: Utilice el método de frenado de puñalada

EXPLICACIÓN: El frenado de puñalada significa que usted: aplique los frenos por completo y suelte los frenos cuando las ruedas se bloqueen. Tan pronto como las ruedas comiencen a rodar, vuelva a aplicar los frenos por completo.

25. ¿Qué son los frenos de resorte?

RESPUESTA CORRECTA: Si los frenos de aire tienen fugas, los resortes aplican los frenos para detener el vehículo.

EXPLICACIÓN: Al conducir, los resortes potentes son retenidos por la presión del aire. Si se elimina la presión del aire, los resortes ponen los frenos. Una fuga en el sistema de frenos de aire, que hace que se pierda todo el aire, también hará que los resortes pongan los frenos.

Notes